# MEIN KÜCHENHEFT

## Pfannengerichte

BRATEN · KRITZELN · KLEBEN

# Inhalt

## Und So funktioniert's:

### Bilder:
Diese knipst Ihr entweder selbst, oder nehmt stattdessen einfach die Vorlagen aus der Heftmitte und klebt sie zum passenden Rezept.

### Bewertung:
Beim Schwierigkeitsgrad von eins (einfach) bis fünf (schwierig) ankreuzen und die Sternchen ausfüllen.

## EIGENE REZEPTE

52 _____

54 _____

56 _____

58 _____

60 _____

62 _____

64 _____

**ZEIT:**
Die Zeitangabe bezieht
sich auf die Arbeitszeit
inklusive Backzeit.

MEINE LIEBSTEN PFANNENGERICHTE:

- - - - - - - - - - - - - - - - - - - - - - - - - -

MEINE PFANNE HABE ICH BIS JETZT BENUTZT FÜR:

○ VIELE KREATIVE SATTMACHER

○ REGELMÄSSIG VERBRANNTE PFANNKUCHEN

○ PFANNE, WAS IST DAS?

NICHT OHNE MEINE PFANNE - MEIN REPERTOIRE:

○ 1 STANDARDPFANNE - ICH BIN DER BASIC-TYP

○ 2-3 PFANNEN - NA, HÖR MAL, EIN STEAK IST DOCH KEIN BROCCOLI!

○ 4 UND MEHR PFANNEN - ICH FÜHLE MICH PERSÖNLICH
   BELEIDIGT OB DIESER FRAGE

FOTOS VON MEINEM ESSEN SIND...

○ #FOODPORN      ○ # SOULFOOD      ○ #CLEANEATING

○ #COMFORTFOOD      ○ #MEINKÜCHENHEFT

MEINE DERZEITIGEN KOCHKENNTNISSE: 1-10

① ② ③ ④ ⑤ ⑥ ⑦ ⑧ ⑨ ⑩

DIESE KÖCHE SIND MEIN VORBILD:

_ _ _ _ _ _ _ _ _ _ _ _ _ _ _ _ _ _ _ _ _ _ _ _ _ _ _ _

DIE BESTEN REZEPTE...

○ FINDE ICH IN KOCHBÜCHERN                ○ KREIERE ICH SELBER

○ RECHERCHIERE ICH IM NETZ                ○ SIND FAMILIENGEHEIMNISSE

IN MEINEM PFANNENGERICHT DARF NIEMALS FEHLEN:

○ REIS            ○ NUDELN            ○ FLEISCH

○ GEMÜSE          ○ _ _ _ _ _ _ _ _ _ _ _

EIN BLICK IN DIE SCHUBLADE. ICH BESITZE _ _ _ _ _ _ BRATWENDER.
SIE SIND AUS
            ○ HOLZ            ○ EDELSTAHL            ○ SILIKON

NOBODY'S PERFECT - AN DIESE GERICHTE HAB' ICH MICH BIS JETZT
NOCH NICHT RAN GETRAUT:

_ _ _ _ _ _ _ _ _ _ _ _ _ _ _ _ _ _ _ _ _ _ _ _ _ _ _ _

(NUR MUT, KNUT!!)

OHNE DIESE KÜCHENGADGETS GEHT BEI MIR NIX:

_ _ _ _ _ _ _ _ _ _ _ _ _ _ _ _ _ _ _ _ _ _ _ _ _ _ _ _

# Alles über Pfannengerichte

## PFLICHT:

### ANTIHAFT-BESCHICHTUNG

- Hitzebeständig und wärmeleitend
- Brät auch fettfrei
- Eigenen sich für: Mehlspeisen, Fisch und Gemüse
- Auf mineralische Basis achten – diese Pfannen sind kratzfest, spülmaschinenfest und für hohe Temperaturen geeignet

### EDELSTAHL

- Robust und langlebig
- Geeignet für scharfes Anbraten, z.B. von Fleisch oder Bratkartoffeln
- Achtung: Fleisch haftet erst am Boden, löst sich aber von alleine wieder!

# KÜR:

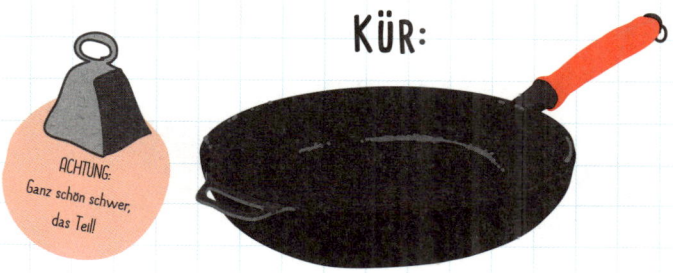

ACHTUNG:
Ganz schön schwer,
das Teil!

## (GUSS-)EISEN

- Für scharfes Anbraten und Schmorgerichte

## KUPFER

- Kupfer als Außenmaterial leitet Wärme enorm gut, innen sind die Pfannen jedoch meist mit Edelstahl beschichtet

ACHTUNG:
Das Erhitzen dauert
etwas länger!

## KERAMIK

- Hitzebeständig & umweltfreundlich

# PFANNEN-KLASSIKER – WAS IST DRIN?

## CHILI CON CARNE

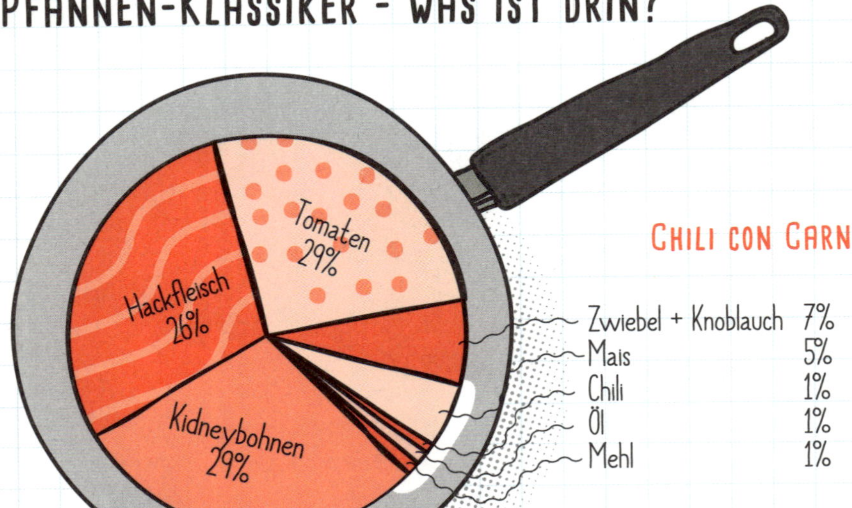

Tomaten 29%
Hackfleisch 26%
Kidneybohnen 29%

Zwiebel + Knoblauch    7%
Mais                   5%
Chili                  1%
Öl                     1%
Mehl                   1%

Das Rezept findest du
auf Seite 10.

## PAELLA

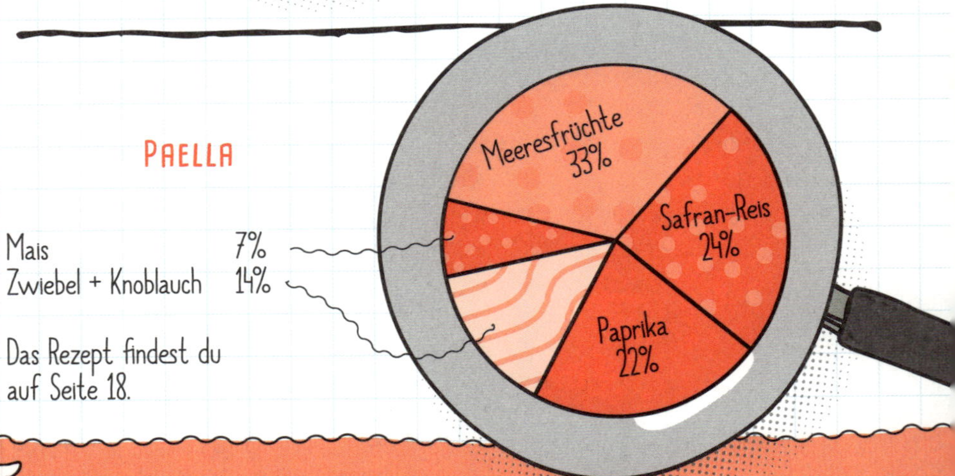

Meeresfrüchte 33%
Safran-Reis 24%
Paprika 22%

Mais                   7%
Zwiebel + Knoblauch   14%

Das Rezept findest du
auf Seite 18.

## SATTMACHER KOHLEHYDRATE

Ob mit Fleisch, vegetarisch oder vegan – Sattmacher gehören oft mit in die Pfanne. Aber
immer nur Reis und Nudeln wird doch langweilig. Alternativen gibt es genug:

Reis

Kartoffeln

Nudeln

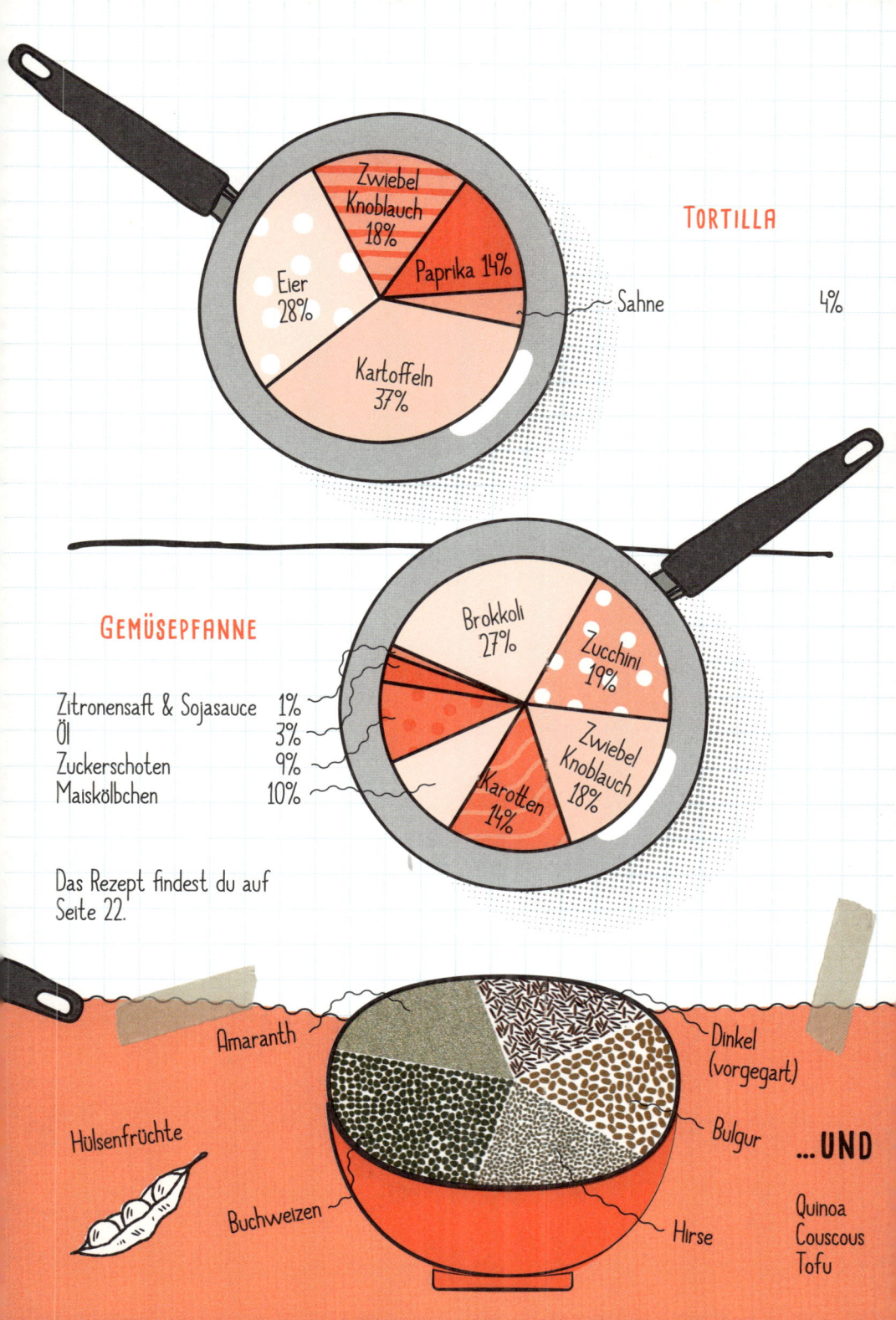

TORTILLA

Zwiebel
Knoblauch
18%

Paprika 14%

Eier
28%

Kartoffeln
37%

Sahne                    4%

GEMÜSEPFANNE

Brokkoli
27%

Zucchini
19%

Zwiebel
Knoblauch
18%

Karotten
14%

Zitronensaft & Sojasauce    1%
Öl                          3%
Zuckerschoten               9%
Maiskölbchen               10%

Das Rezept findest du auf
Seite 22.

Amaranth

Dinkel
(vorgegart)

Hülsenfrüchte

Bulgur

...UND

Buchweizen

Hirse

Quinoa
Couscous
Tofu

# Chili con Carne

EINKLEBEN ODER SELBST SCHIESSEN

## MEINE IDEEN UND VERBESSERUNGEN

- - - - - - - - - - - - -

- - - - - - - - - - - - -

- - - - - - - - - - - - -

„DOSEN-ÖFFNER"

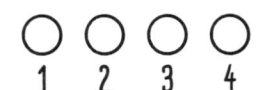
1 2 3 4 5

„MEISTERKOCH"

**ZUBEREITUNG** Die Zwiebel abziehen und klein würfeln. Die Chilischoten aufritzen, entkernen, gründlich waschen und in feine Ringe schneiden. Die Tomaten im Mixer pürieren.

120 MIN FÜR

Das Öl in einer großen schweren Pfanne erhitzen. Portionsweise das Hackfleisch bei mittlerer Hitze anbraten. Dabei die Zwiebelwürfel zum Schluss dazugeben und darauf achten, dass das Hackfleisch nicht zu dunkel gerät. Anschließend das gesamte angebratene Hackfleisch wieder in die Pfanne geben, den Knoblauch dazupressen und die Chiliringe einrühren. Die pürierten Tomaten angießen und das Ganze mit den restlichen Zutaten – außer Maismehl, Mais und Bohnen – würzen.

Das Chili Con Carne bei ganz schwacher Hitze für etwa anderthalb Stunden schmoren, zwischendurch mehrmals umrühren. Wenn dabei zu viel Flüssigkeit verkocht, Wasser nachgießen. Nach einer Stunde Mais und Bohnen unterrühren.

**VOR DEM SERVIEREN** das Chili von Carne mit dem Maismehl binden. Aufkochen lassen und abschließend pikant abschmecken.

## ZUTATEN

750 g Hackfleisch

5–6 frische rote Chilischoten (scharf)

1 große Zwiebel

4 Knoblauchzehen

5 EL Öl

1 kleine Dose junger Gemüsemais

je 2 Dosen (à 425 g) Kidneybohnen und geschälte Tomaten

1 TL brauner Zucker

2 TL getrockneter Thymian

1 Lorbeerblatt

½ TL gem. Kreuzkümmel

Salz

1 Prise Cayennepfeffer

1 EL Worcestersauce

2–3 EL Maismehl

# Tortellini-Porree-Pfanne
## mit Currysahne

45 MIN | FÜR 😊😊

## ZUBEREITUNG

Den Backofen auf 200 Grad vorheizen.
Eine Auflaufform einfetten.
Vom Porree das dunkelgrüne Laub und
die Wurzeln entfernen. Die Stangen der
Länge nach einschneiden, gründlich aus-
waschen und in Ringe schneiden. Die
Zwiebel schälen und fein würfeln. Mit
den Porreeringen in ein Sieb geben. Wasser im Wasserkocher erhitzen und über
das Gemüse gießen. Die Sahne mit dem
Curry, Salz und Pfeffer vermengen und
kräftig abschmecken. Mit den Tortellini
und dem Gemüse in eine gebutterte Auf-
lauf form oder Pfanne geben. Den Bergkäse reiben und darüberstreuen.
Im vorgeheizten Backofen bei 200 Grad
etwa 30 Minuten garen.

## MEINE IDEEN UND VERBESSERUNGEN

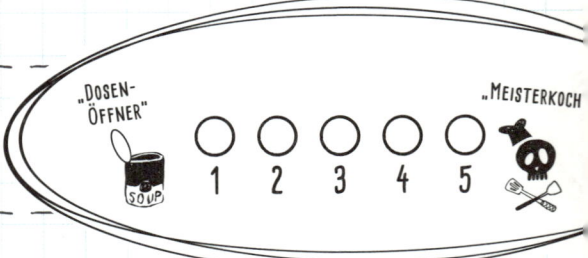

„DOSEN-ÖFFNER"   1   2   3   4   5   „MEISTERKOCH"

"NIE WIEDER"                    "VOLL LECKER"

EINKLEBEN ODER SELBST SCHIESSEN

## ZUTATEN

400 g Tortellini mit Ricottafül-
lung aus dem Kühlregal
2 Stangen Porree
1 Zwiebel
150 ml Sahne
1 TL Curry
Salz, Pfeffer
100 g Bergkäse

## AUSSERDEM

Fett für die Auflaufform

# Pannfisch

EINKLEBEN ODER SELBST SCHIESSEN

60 MIN   FÜR

## MEINE IDEEN UND VERBESSERUNGEN

- - - - - - - - - - - - - - - - - - - - - -

- - - - - - - - - - - - - - - - - - - - - -

- - - - - - - - - - - - - - - - - - - - - -

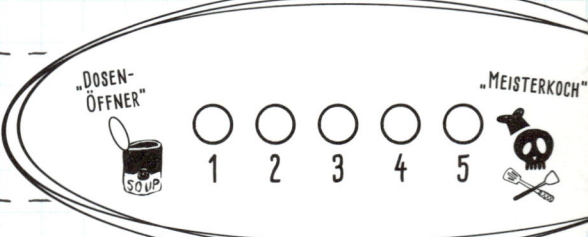

„DOSEN-
ÖFFNER"                    „MEISTERKOCH"

1   2   3   4   5

**ZUBEREITUNG** Für die Soße die Äpfel waschen, schälen, entkernen und in Würfel schneiden. Zwiebeln schälen und würfeln. Sellerie waschen, putzen und ebenfalls in Würfel schneiden.

Alles in einem heißen Topf mit Öl anschwitzen und mit Apfelsaft ablöschen. Zur Hälfte einkochen und mit Fischfond auffüllen. Die Masse auf zwei Drittel einkochen. Sahne hinzugießen und mit Salz, Pfeffer und Zucker würzen. Die Soße pürieren, durch ein Sieb gießen, kurz aufkochen und den Senf einrühren. Abschmecken und warm halten.

Für die Bratkartoffeln die Kartoffeln pellen und in Scheiben schneiden. Die Frühlingszwiebeln waschen, putzen und in Ringe schneiden. Für den Fisch die Filets trockentupfen, in jeweils 4 gleich große Stücke schneiden, salzen.

Öl in einer Pfanne erhitzen und die Filets beidseitig portionsweise braten. Zunächst 5 Minuten auf der Hautseite, dann etwa 3 Minuten auf der anderen Seite. Im Backofen bei 70 Grad warm halten. In der Zwischenzeit die Kartoffeln in einer zweiten heißen Pfanne in Öl anbraten, Speckwürfel 5 Minuten mitbraten. Mit Salz und Pfeffer würzen und Frühlingszwiebeln hinzugeben. Die Bratkartoffeln auf einen Teller geben, von jeder Fischsorte ein Stück darauflegen und mit der Senfsoße anrichten.

## SOSSE

- 3 Äpfel
- 2 Zwiebeln
- 100 g Stangensellerie
- 1 EL Öl
- 200 ml Apfelsaft
- 300 ml Fischfond
- 200 ml Sahne
- Salz, frisch gemahlener Pfeffer
- 1–2 TL Zucker
- 4 EL Tafelsenf
- 1 EL Körnersenf

## FISCH

- 200 g Lachsfilet mit Haut
- 200 g Kabeljaufilet mit Haut
- 200 g Seelachsfilet mit Haut
- 200 g Heilbuttfilet
- Salz

## BRATKARTOFFELN

- 1 kg gekochte Pellkartoffeln, festkochend
- 1 Bund Frühlingszwiebeln
- 200 g Speckwürfel
- Salz, frisch gemahlener Pfeffer

## AUSSERDEM

- Öl zum Anbraten

# Marokkanische Pfanne

## ZUBEREITUNG

In einem Topf ca. 200 ml Wasser zum Kochen bringen. Anschließend die Feigen hineingeben und 3 Minuten bei geringer Hitze kochen lassen. Feigen abgießen und abtropfen lassen. Dabei den Sud auffangen, so hat man Wasser mit Geschmack zum Angießen, falls das Ganze beim Kochen zu trocken wird.

Die Safranfäden in eine Tasse geben, etwa 3 EL kochendes Wasser hinzufügen und beiseitestellen.

Die Hähnchenbrustfilets parieren, waschen, trocken tupfen und in Streifen schneiden. Die Zwiebel abziehen und fein hacken. Olivenöl in der Pfanne erhitzen, das Hähnchenbrustfilet dazugeben und gut durchbraten. Die Zwiebelwürfel hinzufügen und mit braten, bis sie glasig sind.

Von der Orange die Schale abreiben, das Safranwasser, die Lorbeerblätter, die Zimtstange und den Schalenabrieb mit in die Pfanne geben und gut vermengen. Mit Salz und Pfeffer abschmecken. Anschließend das Fleisch etwa 15 Minuten bei geringer Hitze köcheln lassen. Feigen und Mandeln dazugeben und alles noch einmal kurz erhitzen.

Sesam ohne Fett in einer Pfanne rösten. Die marokkanische Pfanne auf Tellern anrichten, mit dem gerösteten Sesam bestreuen und servieren.

## MEINE IDEEN UND VERBESSERUNGEN

_ _ _ _ _ _ _ _ _ _

_ _ _ _ _ _ _ _ _ _

_ _ _ _ _ _ _ _ _ _

„DOSEN-ÖFFNER"    1   2   3   4   5   „MEISTERKOCH"

"WIE WIEDER"  "VOLL LECKER"

EINKLEBEN ODER SELBST SCHIESSEN

**INFO:**
Auch Bio-Orangen müssen mit heißem Wasser gründlich abgewaschen werden, wenn man den Schalenabrieb weiterverwenden möchte.

## ZUTATEN

200 g getrocknete Feigen
1 kleine Dose Safranfäden
4 Hähnchenbrustfilets
1 große Zwiebel
4 EL Olivenöl
Abrieb von 1 Bio-Orange
2 Lorbeerblätter
1 Zimtstange
Salz, Pfeffer
75 g gehobelte Mandeln
2 EL Sesamsamen

# Paella

EINKLEBEN ODER SELBST SCHIESSEN

## MEINE IDEEN UND VERBESSERUNGEN

- - - - - - - - - - - - -

- - - - - - - - - - - - -

- - - - - - - - - - - - -

„DOSEN-ÖFFNER"

1  2  3  4  5

„MEISTERKOCH"

## ZUBEREITUNG

Die Hähnchenunterkeulen trockentupfen und mit Salz, Pfeffer und Paprika würzen. Die Zwiebel und Knoblauchzehen schälen und fein würfeln. Die Paprika waschen, entkernen und in Streifen schneiden.

In einer großen Pfanne, einem Paellatopf oder Wok das Olivenöl erhitzen. Die Hähnchenkeulen darin bei mittlerer Hitze von allen Seiten goldbraun anbraten. Aus der Pfanne nehmen und beiseitestellen.

Die Zwiebel- und Knoblauchwürfel im verbliebenen Bratfett glasig dünsten. Den Reis dazugeben und kurz mitdünsten. Den Weißwein angießen und vollständig einkochen lassen. Dann die Geflügelbrühe angießen, aufkochen und den Safran darin auflösen. Die Hähnchenkeulen obenauf legen und alles bei mittlerer Hitze 20–25 Minuten garen. Zwischenzeitlich mehrmals vorsichtig umrühren.

Währenddessen die Miesmuscheln in kaltem Wasser mehrmals gründlich waschen. Dabei die geöffneten Muscheln entfernen. Die Restlichen gut abtropfen lassen. Mit den Paprikastreifen und den Erbsen nach 10 Minuten Garzeit zum Reis geben. Die Paella in der geschlossenen Pfanne weitere 10 Minuten garen. Die Garnelen zufügen und noch etwa 5 Minuten gar ziehen lassen. Die Paella mit Salz und Pfeffer abschmecken und servieren.

90 MIN | FÜR

### ZUTATEN

4 Hähnchenunterkeulen

Salz, frisch gemahlener Pfeffer

1 TL Paprika edelsüß

1 mittelgroße Zwiebel

2 Knoblauchzehen

2 rote Paprika

4 EL Olivenöl

200 g Mittelkornreis

150 ml Weißwein

700 ml Geflügelbrühe

1 Döschen Safranfäden

300 g Miesmuscheln

200 g Erbsen, TK

12 Riesengarnelen ohne Schale

TIPP:
Zum Reinigen der Hände Zitronenspalten und Servietten mit eindecken. .

# Gemüsepfanne mit Schollenfilets

**ZUBEREITUNG** Die Paprika waschen, trockentupfen, halbieren und entkernen. Hälften in Streifen schneiden. Zucchini waschen, trockentupfen und in Scheiben schneiden. Den Mais ggf. in einem Sieb abtropfen lassen. Knoblauch schälen und klein hacken. Schnittlauch waschen, trockentupfen und in Röllchen schneiden. Die Schollenfilets waschen, trockentupfen und halbieren. Mit Zitronensaft, Salz und Pfeffer würzen.Das Olivenöl und die Butter in einer Pfanne erhitzen, Paprika, Zucchini und Knoblauch darin 2–3 Minuten anbraten. Mais zugeben, die Gemüsebrühe angießen und das Gemüse mit Salz und Pfeffer würzen.
Die Schollenfilets auf das Gemüse legen, den Herd auf kleinste Stufe schalten und die Filets bei geschlossenem Deckel je nach Dicke 3–5 Minuten gar ziehen lassen. Den Schnittlauch über die Gemüse-Fisch-Pfanne streuen.

## MEINE IDEEN UND VERBESSERUNGEN

„DOSEN-ÖFFNER"  SOUP  1  2  3  4  5  „MEISTERKOCH"

„NIE WIEDER"                    „VOLL LECKER"

EINKLEBEN ODER SELBST SCHIESSEN

## ZUTATEN

2 rote Paprikaschoten

2 Zucchini

150 g Mais, TK oder aus der Dose

1 Knoblauchzehe

1 Bund Schnittlauch

8 Schollenfilets, ohne Haut

½ Zitrone

Salz

frisch gemahlener Pfeffer

2 EL Olivenöl

1 EL Butter

100 ml Gemüsebrühe

23

# Spanische Linsenpfanne

EINKLEBEN ODER SELBST SCHIESSEN

MEINE IDEEN UND VERBESSERUNGEN

--- --- --- --- --- --- --- --- --- ---

--- --- --- --- --- --- --- --- --- ---

--- --- --- --- --- --- --- --- --- ---

## ZUBEREITUNG

Die Chorizo in Scheiben schneiden. Öl in einer Pfanne erhitzen und die Paprikasalami bei milder Hitze darin anbraten. Aus der Pfanne heben und beiseitestellen.

Paprika halbieren, entkernen und von den Rippen befreien. Gründlich waschen, trocken tupfen. Die Zwiebeln abziehen. Beides klein würfeln und im Fett anbraten. Eventuell etwas Fett abgießen, weil die Salami viel Fett ablässt. Wenn die Zwiebeln etwas Farbe angenommen hat, Linsen und Kräuter unterrühren.

Die Brühe angießen und bei geschlossenem Deckel ganz leicht simmern lassen, bis die Linsen weich sind. Sollte noch zu viel Flüssigkeit vorhanden sein, kurz ohne Deckel kochen. Die Salami unterrühren, mit Salz, Pfeffer und einem Schuss Rotweinessig abschmecken.

40 MIN · FÜR

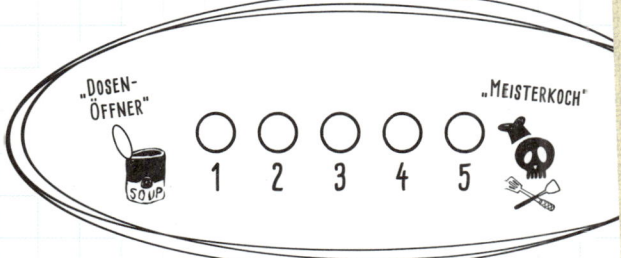

"DOSEN-ÖFFNER"    1  2  3  4  5    "MEISTERKOCH"

### ZUTATEN

250 g Chorizo (Paprikasalami)
Olivenöl
1 rote Paprika
1 grüne Paprika
2 Zwiebeln
300 gelbe oder rote Linsen
1 Bd. Kräuter (Thymian, Rosmarin etc.)
500 ml Gemüsebrühe
Salz, Pfeffer
Rotweinessig

# Hähnchencurry
## mit Pfirsich

## ZUBEREITUNG

Die Hähnchenbrust trockentupfen und quer in Streifen schneiden. Die Zwiebel schälen, halbieren und in feine Ringe schneiden. Die Paprika und die Zuckerschoten waschen. Die Paprika halbieren, entkernen und in Würfel schneiden. Die Zuckerschoten dritteln. Die Pfirsiche waschen, entsteinen und würfeln. Den Koriander waschen, trockentupfen, die Blättchen abzupfen und grob hacken.

Das Öl in einer Pfanne erhitzen und das Fleisch darin scharf anbraten, mit Salz, Pfeffer und Curry würzen. Herausnehmen und beiseitestellen. Die Zwiebel im verbliebenen Öl glasig anschwitzen. Paprika und Zuckerschoten zugeben und mitschwitzen.

Das Fleisch hineingeben, Kokosmilch und Gemüsebrühe angießen. Mit Salz, Pfeffer und Curry würzen. Zugedeckt bei mittlerer Hitze ca. 10 Minuten köcheln lassen. Nach ca. 5 Minuten die Pfirsiche und den Koriander vorsichtig untermischen und mitköcheln lassen. Das Curry mit Salz, Pfeffer und Curry abschmecken. Dazu frisch gekochten Reis servieren.

## MEINE IDEEN UND VERBESSERUNGEN

„DOSEN-ÖFFNER"  SOUP  1  2  3  4  5  „MEISTERKOCH"

26

EINKLEBEN ODER SELBST SCHIESSEN

## ZUTATEN

600 g Hähnchenbrustfilet

1 Zwiebel

1 rote Paprika

200 g Zuckerschoten

2 Pfirsiche

2–3 Stiele Koriander

300 ml Kokosmilch

100 ml Gemüsebrühe

Salz

frisch gemahlener Pfeffer

Currypulver

Öl zum Anbraten

# Rosenkohlpfanne
## mit Cashewkernen

EINKLEBEN ODER SELBST SCHIESSEN

MEINE IDEEN UND VERBESSERUNGEN

- - - - - - - - - - - - - - - - - - - - - - -

- - - - - - - - - - - - - - - - - - - - - - -

- - - - - - - - - - - - - - - - - - - - - - -

60 MIN | FÜR

**ZUBEREITUNG** Den Backofen auf
180 Grad vorheizen. Den Rosenkohl putzen
und der Länge nach halbieren. Mit 2 Esslöf-
feln Öl, Salz und Pfeffer vermischen.
Auf einem mit Backpapier belegten Back-
blech verteilen. Im vorgeheizten Ofen bei
180 Grad 35–40 Minuten garen. Zwischendurch ein- bis zweimal durchrühren.
Den Speck in grobe Streifen schneiden. Die
Schalotte schälen und fein würfeln. Den
Speck in einer Pfanne auslassen. Schalot-
tenwürfel und Cashewkerne zugeben. Weiterbraten, bis der Speck knusprig ist. Den
Essig mit Honig und Senf einrühren. Mit
Salz und Pfeffer abschmecken.
Den Rosenkohl dazugeben und alles gut
vermengen. Sofort servieren.

## ZUTATEN

1 kg Rosenkohl

2 EL Öl

Salz, Pfeffer

4 Scheiben Frühstücksspeck

1 Schalotte

1 Handvoll Cashewkerne

2 TL Weinessig

1 TL Honig

1 TL körniger Senf

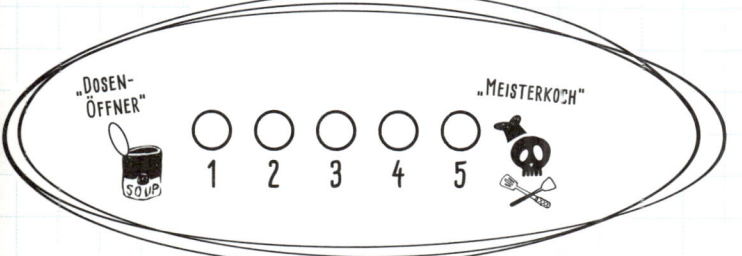

"DOSEN-ÖFFNER"   1  2  3  4  5   "MEISTERKOCH"

29

# Gebratenes Frühlingsgemüse

## ZUBEREITUNG

Die Gemüsezwiebel schälen, längs vierteln und in mundgerechte Stücke schneiden. Brokkoli waschen und in kleine Röschen zerteilen. Zuckerschoten waschen und die Fäden ziehen. Karotten schälen und quer in 2 mm dicke Scheiben schneiden. Die Maiskölbchen abgießen. Die Zucchini waschen, die Enden abschneiden. In Stifte von 3 mm Dicke schneiden. Die Knoblauchzehe mit einem schweren Küchenmesser auf der Arbeitsplatte leicht andrücken und erst dann schälen.

In einer Tasse die Brühe mit Zitronensaft und Sojasauce verrühren.
Die Maisstärke mit 4 EL Wasser in einer zweiten Tasse verrühren.
Eine Pfanne auf dem Herd bereitstellen, daneben das vorbereitete Gemüse, die Sauce und die angerührte Maisstärke platzieren. Ebenso einen Pfannenwender und eine Gabel.

Die Pfanne auf höchster Stufe erhitzen, das Öl hineingeben. Sobald es zu rauchen anfängt, die Knoblauchzehe und die Zwiebeln hineingeben. Kurz mit dem Pfannenwender durchschwenken, dann nach und nach das Gemüse hinzufügen: Zuerst Karotten, dann Brokkoli, Zucchini, Maiskölbchen und zuletzt die Zuckerschoten. Zwischendurch den Pfanneninhalt immer wieder durchschwenken. Das ganze Gemüse in der Pfanne noch 1 Minute weiterbraten. Dann die Hitze reduzieren, die vorbereitete Sauce hinzufügen und wieder durchschwenken. Wenn das Gemüse den richtigen Biss hat, die Maisstärke hinzufügen und wieder schwenken. Wer das Gemüse lieber weicher mag, legt einen Topfdeckel auf die Pfanne und lässt alles noch 1 Minute weitergaren. Abschließend mit Salz und Pfeffer abschmecken.

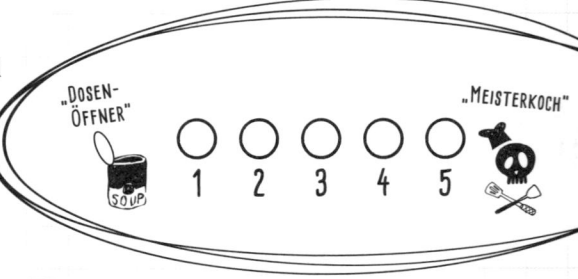

„DOSENÖFFNER" 1 2 3 4 5 „MEISTERKOCH"

"NIE WIEDER"  "VOLL LECKER"

EINKLEBEN ODER SELBST SCHIESSEN

## MEINE IDEEN UND VERBESSERUNGEN

- - - - - - - - - - - - - - - -

- - - - - - - - - - - - - - - -

- - - - - - - - - - - - - - - -

- - - - - - - - - - - - - - - -

### ZUTATEN

1 Gemüsezwiebel

1 Strunk Brokkoli

100 g Zuckerschoten

2 große Karotten

1 Glas Maiskölbchen

1 Zucchini

1 Knoblauchzehe

1 TL gekörnte Brühe
bzw. ½ Brühwürfel

1 EL Zitronensaft

1 TL Sojasauce

1 TL Maisstärke
(Maizena, Mondamin o. Ä.)

3 EL Öl zum Braten

Salz, Pfeffer

31

# Feuriges Chili
## mit Schokolade und Kaffee

EINKLEBEN ODER SELBST SCHIESSEN

MEINE IDEEN UND VERBESSERUNGEN

- - - - - - - - - - - - - - - - - - - - - -

- - - - - - - - - - - - - - - - - - - - - -

- - - - - - - - - - - - - - - - - - - - - -

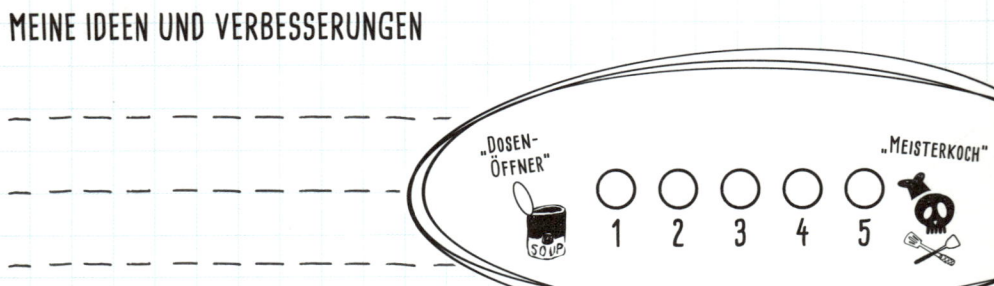

„DOSEN-ÖFFNER"    1   2   3   4   5   „MEISTERKOCH"

„NIE WIEDER"          „VOLL LECKER"

**ZUBEREITUNG** Zwiebeln und Paprika würfeln. Chilischoten entkernen und klein hacken. Wer es noch schärfer mag, belässt die Kerne in den Schoten. Knoblauch ebenfalls klein hacken. Den Mais abgießen.

150 MIN | FÜR

Etwas Öl in einem großen Topf erhitzen, das Hackfleisch hineingeben und krümelig braten. Zwiebel- und Paprikawürfel, gehackte Chilis
und den Knoblauch hinzufügen und alles gut vermengen. Dann mit Rindfleischbrühe, Kaffee, Bier und Whisky aufgießen und ca. 30 Minuten einkochen lassen.

Dann die geschälten Tomaten, die geraspelte Schokolade und die Gewürze dazugeben. Gut verrühren und auf geringer Hitze 60 Minuten köcheln lassen. Abschließend die Bohnen unterrühren und das Chili weitere 30 Minuten ziehen lassen. Mit Reis oder warmem Baguette servieren.

**TIPP:**
Am besten schmeckt jedes Chili, wenn man es über Nacht stehen lässt und erst am nächsten Tag serviert.

**ZUTATEN**

800 g Hackfleisch
(½ Rind, ½ Schwein)
5 Zwiebeln
4 Knoblauchzehen
5 Chilischoten
2 grüne Paprikaschoten
1 Dose Mais
5 Packungen Chilibohnen
650 g geschälte Tomaten
1/2 Tafel geraspelte Bitterschokolade
2 EL Paprikapulver, edelsüß
2 EL Paprikapulver, rosenscharf
2 EL frischer gehackter Oregano
2 TL Chilipulver
2 TL Kreuzkümmel
300 ml schwarzer gebrühter Kaffee
300 ml Schwarzbier
300 ml Rindfleischbrühe
25 ml Whisky
Öl

33

# Süsser Kaiserschmarrn

**ZUBEREITUNG** Die Eier trennen, die Eigelbe mit Salz, Zucker und Vanillezucker schaumig schlagen. Dann abwechselnd Milch und Mehl unterrühren. Aus dem Eiweiß Eischnee schlagen und unterheben.

Butterschmalz bei mäßiger Hitze (Stufe 6 von 9) erhitzen, darin portionsweise den Schmarrn ausbacken. Sobald er an der Oberfläche stockt, wenden und kurz abwarten, dann mit der Gabel in Stücke zerreißen und durchschwenken. Den fertigen Kaiserschmarrn bei 50 °C (Ober-/Unterhitze) im Backofen warm halten. Währenddessen die nächsten Portionen ausbacken.

## ZUTATEN

4 Eier

1 Prise Salz

50 g Zucker

1 EL Vanillezucker

125 ml Milch

125 g Mehl Typ 405

Butterschmalz zum Ausbacken

TIPP:
Im österreichischen Original gibt man Rosinen in den Kaiserschmarrn..

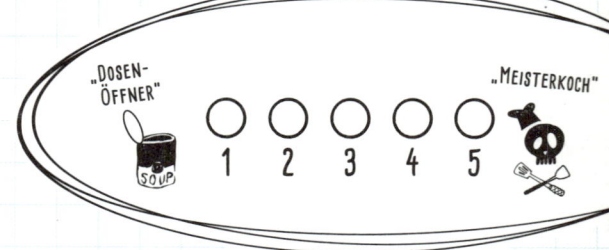

HÄHNCHEN-CHAMPIGNON-GESCHNETZELTES

SPARGEL-REIS-PFANNE

GNOCCHI-LAUCH-PFANNE

GEBRATENER REIS MIT HÄHNCHENBRUST

WIESEN-BÄRENKLAU-PFANNE MIT NÜSSEN

FÜR DIE BESONDERS GUTEN REZEPTE

HÄHNCHENCURRY MIT PFIRSICH

ROSENKOHLPFANNE MIT CASHEWKERNEN

SÜSSER KAISERSCHMARRN

KARAMELLISIERTE ARME RITTER

SPANISCHE LINSENPFANNE

FÜR DIE BESONDERS GUTEN REZEPTE

PANNFISCH

PAELLA

CHILI CON CARNE

GEBRATENES FRÜHLINGSGEMÜSE

FEURIGES CHILI MIT SCHOKOLADE UND KAFFEE

FÜR DIE BESONDERS GUTEN REZEPTE

HACKFLEISCHPFANNE MIT AUSTERNPILZEN

TORTELLINI-PORREE-PFANNE MIT CURRYSAHNE

MAROKKANISCHE PFANNE

FÜR DIE BESONDERS GUTEN REZEPTE

GEMÜSEPFANNE MIT SCHOLLENFILETS

ASIATISCHE RINDFLEISCHPFANNE MIT ZUCKERSCHOTEN

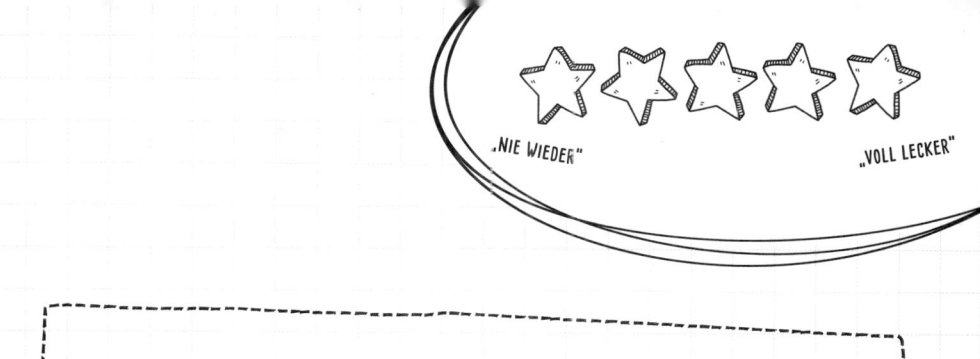

EINKLEBEN ODER SELBST SCHIESSEN

## MEINE IDEEN UND VERBESSERUNGEN

---------- ---------- ----------

---------- ---------- ----------

---------- ---------- ----------

---------- ---------- ----------

# Karamellisierte
# Arme Ritter

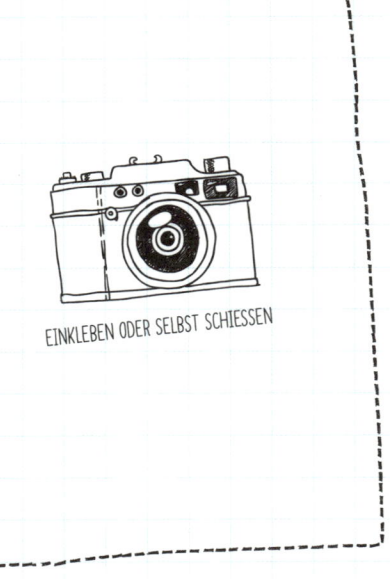

EINKLEBEN ODER SELBST SCHIESSEN

MEINE IDEEN UND VERBESSERUNGEN

- - - - - - - - - - - - - - - - - - - - - - - - - - - - - - -

- - - - - - - - - - - - - - - - - - - - - - - - - - - - - - -

- - - - - - - - - - - - - - - - - - - - - - - - - - - - - - -

45 MIN | FÜR

**ZUBEREITUNG** Das Brot entrinden und in 4 Rechtecke schneiden. Zucker Sahne, Milch und Ei gründlich verquirlen und durch ein Sieb streichen. Das Brot darin eine halbe Stunde einweichen und regelmäßig wenden. Danach herausheben und abtropfen lassen.

Eine beschichtete Pfanne aufheizen. Die Butter darin zerlassen, das Brot mit Puderzucker bestreuen und bei mittlerer Hitze hellbraun karamellisieren. Mit Eis, Fruchtmus, mit ganzen Früchten etc. servieren.

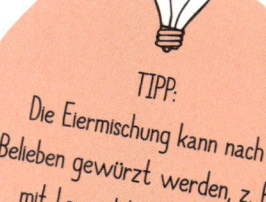

TIPP:
Die Eiermischung kann nach Belieben gewürzt werden, z. B. mit Lavendelzucker, Zimt, Kardamom usw.

**ZUTATEN**

4 Scheiben altes Brot

50 g Zucker

100 ml Sahne

100 ml Milch

1 Ei

20 g frische Butter

25 g Puderzucker

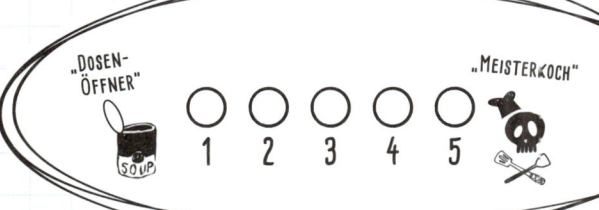

„DOSEN-ÖFFNER"    „MEISTERKOCH"

1    2    3    4    5

# Hähnchen-Champignon-Geschnetzeltes

25 MIN | FÜR | 

**ZUBEREITUNG** Die Hähnchenbrust trockentupfen und in 2 cm große Würfel schneiden. Die Champignons mit einem feuchten Tuch abreiben und die Stielenden abschneiden. Die Zwiebeln schälen und klein würfeln. 1 Esslöffel Rapsöl in einer Pfanne erhitzen. Das Fleisch in 2 Portionen darin kurz scharf anbraten, herausnehmen und beiseitestellen.

Die Champignons und die Zwiebeln in der Pfanne im restlichen Öl anbraten und mit Salz und Pfeffer würzen. Das Fleisch zugeben, mit dem Weißwein ablöschen und einmal aufkochen lassen. Die Sahne angießen, 2–3 Minuten köcheln lassen. Die Speisestärke mit etwas Wasser glatt rühren und die Soße damit binden. Mit Salz und Pfeffer abschmecken.

Die Petersilie waschen und trockentupfen, Blätter abzupfen, klein hacken und unter das Geschnetzelte mischen.

## ZUTATEN

3 Hähnchenbrustfilets

300 g kleine Champignons

2 Zwiebeln

3 EL Rapsöl

Salz

frisch gemahlener Pfeffer

100 ml Weißwein

200 ml Sahne

1 TL Speisestärke

½ Bund Petersilie

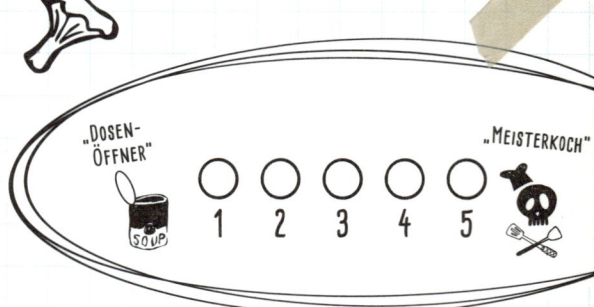

„DOSEN-ÖFFNER"     1   2   3   4   5     „MEISTERKOCH"

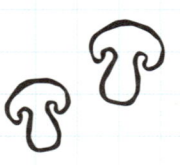

EINKLEBEN ODER SELBST SCHIESSEN

## MEINE IDEEN UND VERBESSERUNGEN

_____

_____

_____

_____

# Gebratener Reis
## mit Hähnchenbrust

EINKLEBEN ODER SELBST SCHIESSEN

INFO:
Dies ist ein klassisches asiatisches Resteessen, aber es kann selbstverständlich auch mit frisch gekochtem Reis zubereitet werden.

MEINE IDEEN UND VERBESSERUNGEN

- - - - - - - - - - - - - - - - - - - - - -

- - - - - - - - - - - - - - - - - - - - - -

- - - - - - - - - - - - - - - - - - - - - -

**ZUBEREITUNG** Den Reis am Vortag kochen. Dafür den Reis in einem Sieb unter fließendem Wasser waschen, bis dieses klar abläuft. In kochendem Salzwasser nach Packungsanweisung garen, abgießen und mit kaltem Wasser abschrecken. Sehr gut abtropfen lassen. Bis zur Verwendung kalt stellen.

25 MIN · FÜR

Am nächsten Tag die Hähnchenbrust quer in ½ cm breite Streifen schneiden. Die Schalotte, den Knoblauch und die Möhren schälen und fein würfeln. Die Mungbohnensprossen in einem Sieb waschen und gut abtropfen lassen. Die Eier in einer Schüssel grob verschlagen.

2 EL Öl in einer breiten Pfanne oder einem Wok erhitzen und die Hähnchenstreifen darin unter Rühren anbraten. Schalotte und Knoblauch zugeben und unter Rühren kurz mitbraten. Möhren und Erbsen zugeben und unter Rühren etwa 4 Minuten garen. Reis und Kurkuma zugeben und ebenfalls kurz mitbraten. Mit Salz, Pfeffer, Chilipulver und Sojasoße würzen. Die Zutaten rundherum an den Rand der Pfanne oder des Woks schieben. In die Mitte das

restliche Öl gießen, die verschlagenen Eier hineingeben und wie ein Rührei cremig braten. Die Sprossen dazugeben. Alle Zutaten vermengen und nochmals 1–2 Minuten braten. Abschmecken und auf Tellern oder in Schalen anrichten.

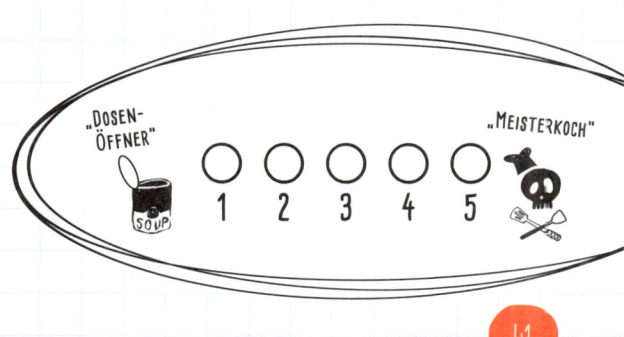

„DOSEN-ÖFFNER"    1    2    3    4    5    „MEISTERKOCH"

## ZUTATEN

120 g Reis

Salz

200 g Hähnchenbrust

1 große Schalotte

1 große Knoblauchzehe

250 g Möhren

100 g Mungbohnensprossen

2–3 Eier

3–4 EL Erdnussöl

150 g TK-Erbsen

1 TL Kurkumapulver

frisch gemahlener Pfeffer

Chilipulver

2 EL Sojasoße

# Spargel-Reis-Pfanne

**ZUBEREITUNG** Den Reis in kochendem Salzwasser nach Packungsanweisung garen, abgießen und mit kaltem Wasser abschrecken. Sehr gut abtropfen lassen.

Die Hähnchenbrust in fingerdicke Streifen schneiden. Fleisch mit 2 EL Öl und 1 TL Kurkuma mischen.

Den Spargel schälen und die Enden abschneiden. Spargel schräg in 1 cm lange Stücke schneiden. Ingwer und Knoblauch schälen und mit der Chilischote fein würfeln. Von den Tomaten den Stielansatz entfernen, dann vierteln, entkernen und grob würfeln.

1 EL Öl in einer großen Pfanne erhitzen und Hähnchenfleisch rundherum 5 Minuten anbraten, salzen und herausnehmen. Erneut 1 EL Öl erhitzen und nun den Spargel 5 Minuten braten, salzen und herausnehmen. -

Öl in Pfanne erhitzen. Ingwer, Knoblauch, Chili und Reis mit 1 TL Kurkuma in die Pfanne geben und 4 Minuten braten. Spargel und Tomaten untermischen und kurz erhitzen. Mit 4 EL Sojasauce und Limettensaft würzen. 4 Eier mit 1 EL Sojasauce verquirlen. Öl in einer Pfanne erhitzen und die Eiermasse 2–3 Minuten stocken lassen, herausnehmen und in Streifen schneiden. Zum Schluss alles vorsichtig zusammen in der Pfanne verrühren und mit gehacktem Koriander bestreuen.

## ZUTATEN

- 250 g Basmati-Reis
- 500 g Hähnchenbrustfilet
- 6 EL Öl
- 2 TL Kurkuma
- Salz
- 600 g weißer Spargel
- 30 g frischer Ingwer
- 2 Knoblauchzehen
- 1 rote Chilischote
- 250 g Strauchtomaten
- 5 EL Sojasauce
- Saft von 1 Limette
- 4 Eier
- 1 Bund Koriandergrün

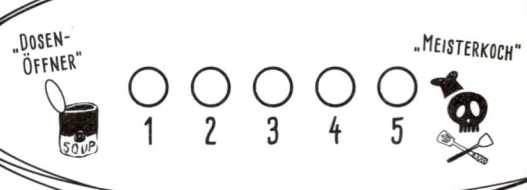

„DOSEN-ÖFFNER"  1  2  3  4  5  „MEISTERKOCH"

45 MIN    FÜR

EINKLEBEN ODER SELBST SCHIESSEN

## MEINE IDEEN UND VERBESSERUNGEN

_____

_____

_____

_____

# Wiesen-Bärenklau-Pfanne
## mit Nüssen

EINKLEBEN ODER SELBST SCHIESSEN

**TIPP:**
Die Fasern der jungen Stiele des Wiesen-Bärenklaus werden bei Bedarf wie Stangensellerie abgezogen.

## MEINE IDEEN UND VERBESSERUNGEN

**ZUBEREITUNG** Den Wiesen-Bärenklau sorgfältig verlesen und putzen, es sollten mindestens 150 Gramm übrig bleiben: Verholzte Stängel oder löchrige Blätter entfernen. Nur die flexiblen, jungen Stängel ggf. abziehen und in längliche Stücke schneiden. Die geschlossenen Blüten halbieren oder vierteln, ggf. waschen. Zwiebel und Knoblauch schälen und würfeln. Die Cashewnüsse in einer Pfanne ohne Fett rösten und beiseitestellen.

Den Basmatireis nach Packungsanleitung zubereiten und bis zum Servieren warm halten. Das Olivenöl in einer Pfanne erhitzen. Den Bärenklau, Zwiebeln und den Knoblauch einige Minuten anbraten, dabei die Pfanne hin und wieder schwenken. Die Hitze reduzieren und das Gemüse mit Salz, Pfeffer und Zucker würzen. Unter Rühren Minute weiterbraten. Mit Zitronensaft und Gemüsebrühe ablöschen und so lange schmoren, bis die Flüssigkeit verkocht ist. Die Butter und die Cashewnüsse zum Schluss dazugeben. Die Gemüsepfanne abschmecken und zusammen mit dem Reis servieren.

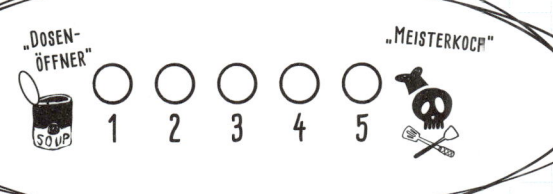

### ZUTATEN

300–400 g junge Wiesen-Bärenklaustängel, samt geschlossenen Blütenständen/Vorblüten

1 kleine Zwiebel

2 Knoblauchzehen

2 EL Cashewnüsse

125 g Basmatireis

2–3 EL Olivenöl

Salz

frisch gemahlener Pfeffer

1 TL Zucker

1 EL frisch gepresster Zitronensaft

50 ml Gemüsebrühe

1 EL Butter

45

# Hackfleischpfanne mit Austernpilzen

30 MIN | FÜR | 😊😎😠

**ZUBEREITUNG** Den Lauch putzen, waschen und in dicke Ringe schneiden. Austernpilze putzen und klein schneiden. Petersilie klein hacken und Schnittlauch in Röllchen schneiden. Das Hackfleisch mit Liebstöckel, Muskatnuss, Salz und Pfeffer würzen und durchkneten.

Sesamöl in der Pfanne erhitzen und die Pilze darin scharf anbraten. Dann die Hitze reduzieren und Pilze weitere 7 Minuten braten. Mit einem Schaumlöffel Pilze anschließend herausheben und das Hackfleisch in diesem Öl krümelig braten. Nach einigen Minuten die Lauchringe hinzufü-

gen. Das Hackfleisch so lange braten, bis es eine appetitliche Bräunung angenommen hat. Dann mit Wasser ablöschen und bei geschlossenem Deckel für 10 Minuten köcheln lassen. Pilze, Petersilie und Schnittlauch zum Fleisch geben und 5 Minuten erhitzen. Die Hackfleischmischung vom Herd nehmen, 1 Minute abkühlen lassen und dann erst die Sahne unterrühren.

## MEINE IDEEN UND VERBESSERUNGEN

„DOSEN-ÖFFNER"  ⚪ ⚪ ⚪ ⚪ ⚪  „MEISTERKOCH"
SO UP    1   2   3   4   5

EINKLEBEN ODER SELBST SCHIESSEN

## ZUTATEN

500 g Hackfleisch
(½ Rind, ½ Schwein)
400 g Austernpilze
1 Stange Lauch
1 Bund Petersilie
1 Bund Schnittlauch
250 ml Wasser
100 g Schlagsahne
Liebstöckel, Muskatnuss
Salz, Pfeffer
2 EL Sesamöl

TIPP:
Wer es deftiger mag, wählt
als Beilage Bratkartoffeln
mit Speck.

# Gnocchi-Lauch-Pfanne

EINKLEBEN ODER SELBST SCHIESSEN

## MEINE IDEEN UND VERBESSERUNGEN

- - - - - - - - - - -

- - - - - - - - - - -

- - - - - - - - - - -

„DOSEN-
ÖFFNER"

SOUP

1  2  3  4  5

„MEISTERKOCH"

25 MIN | FÜR

## ZUTATEN

600 g Gnocchi, aus dem Kühlregal

2 Stangen Lauch, ca. 500 g

3–4 EL Olivenöl

1 Zwiebel

1 Knoblauchzehe

200 g Garnelen

Salz, frisch gemahlener Pfeffer

150 ml Weißwein oder Gemüsebrühe

300 ml Sahne

## ZUBEREITUNG

In einer großen Pfanne die Gnocchi in 2–3 EL Olivenöl etwa 5 Minuten goldbraun anbraten. Auf einen Teller geben und abgedeckt beiseitestellen.

Währenddessen den Lauch putzen, den dunkelgrünen Abschnitt und den Wurzelansatz abschneiden. Die Stangen längs bis zur Mitte einschneiden. Von innen und außen waschen, trockenschütteln und zusammen mit der Zwiebel in Ringe schneiden. Die Knoblauchzehe schälen und in Scheiben schneiden.

In der Pfanne das restliche Öl erhitzen. Zwiebel, Knoblauch und Lauch 5 Minuten darin anschwitzen.

Dann die Garnelen zugeben und alles mit Salz und Pfeffer kräftig würzen.

Den Weißwein oder die Brühe sowie die Sahne angießen.

Die Gnocchi unterrühren, alles aufkochen und 1–2 Minuten köcheln lassen.

# Asiatische Rindfleischpfanne
## mit Zuckerschoten

25 MIN | FÜR

**ZUBEREITUNG** Die Rinderhüfte trockentupfen und in schmale Streifen schneiden.
Mit der Speisestärke mischen.
Eine große Pfanne erhitzen, das Fleisch
darin in 2 Portionen in jeweils 1 EL Öl
scharf anbraten. Herausnehmen und beiseitestellen.
Währenddessen die Zuckerschoten
waschen, trockentupfen und schräg halbieren. Zwiebel schälen und in Spalten schneiden. Die Mungobohnen waschen und gut
abtropfen lassen. Den Koriander waschen,
trockentupfen und die Blättchen abzupfen.
Die Zuckerschoten und die Zwiebel in dem
restlichen Öl anbraten. Das Fleisch und die
Sprossen
dazugeben und unterschwenken. Mit der
Teriyaki-Soße ablöschen. Mit Salz, Pfeffer
und Chili bzw. Cayennepfeffer herzhaft
würzen, mit Korianderblättchen bestreuen
und zu Basmatireis servieren.

## MEINE IDEEN UND VERBESSERUNGEN

_ _ _ _ _ _ _ _

_ _ _ _ _ _ _ _

_ _ _ _ _ _ _ _

_ _ _ _ _ _ _ _

_ _ _ _ _ _ _ _

_ _ _ _ _ _ _ _

_ _ _ _ _ _ _ _

_ _ _ _ _ _ _ _

„NIE WIEDER"          „VOLL LECKER"

EINKLEBEN ODER SELBST SCHIESSEN

„DOSEN-
ÖFFNER"          „MEISTERKOCH"

1  2  3  4  5

51

## ZUTATEN

500 g Rinderhüfte

1 TL Speisestärke

3 EL Erdnuss- oder Sesamöl

200 g Zuckerschoten

1 rote Zwiebel

30 g Mungobohnen

½ Bund Koriander

4–5 EL Teriyaki-Soße

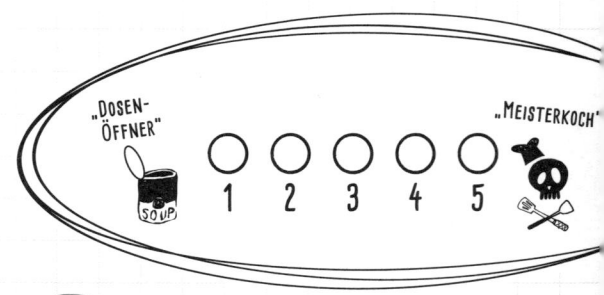

„NIE WIEDER"                    „VOLL LECKER"

53

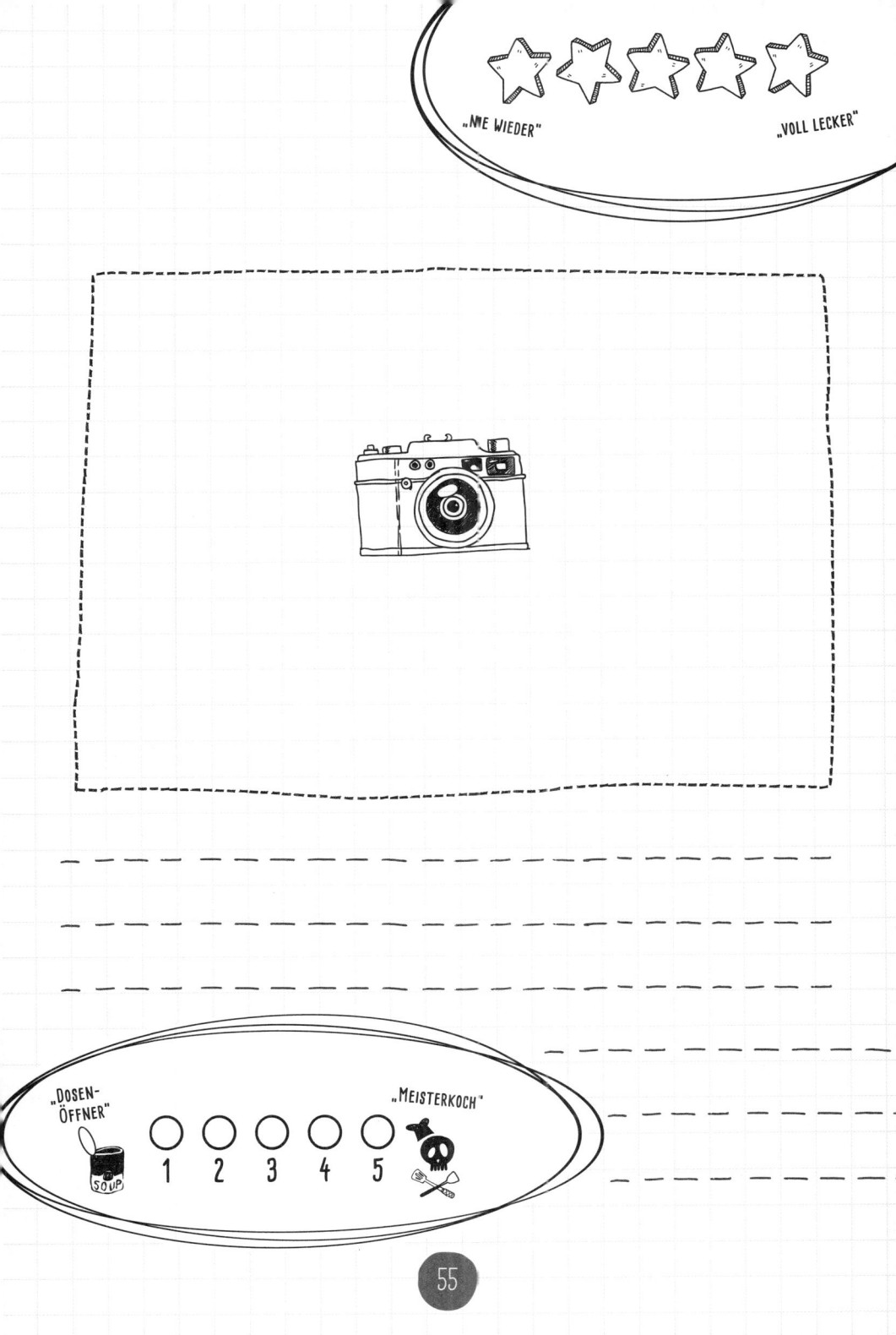

„DOSEN-
ÖFFNER"          „MEISTERKOCH"

1   2   3   4   5

SOUP

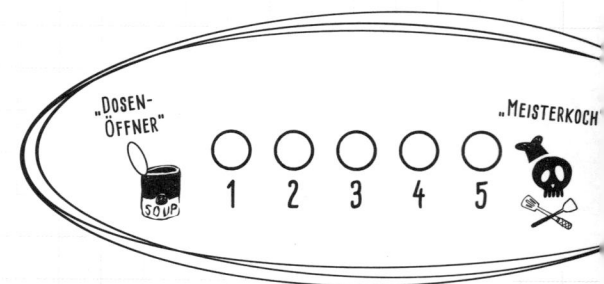

57

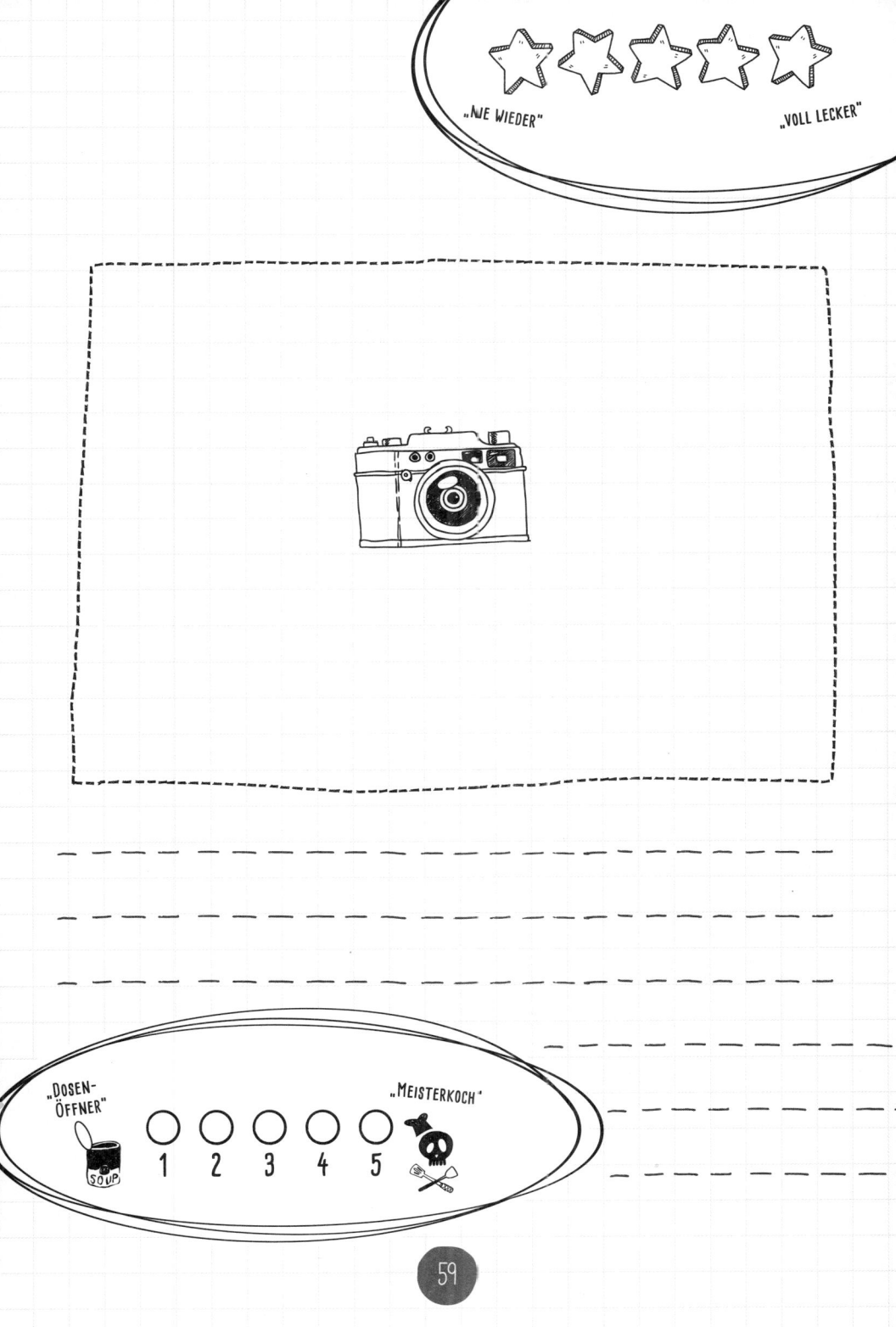

„NIE WIEDER"                                    „VOLL LECKER"

„DOSEN-
ÖFFNER"                                    „MEISTERKOCH"

1    2    3    4    5

SOUP

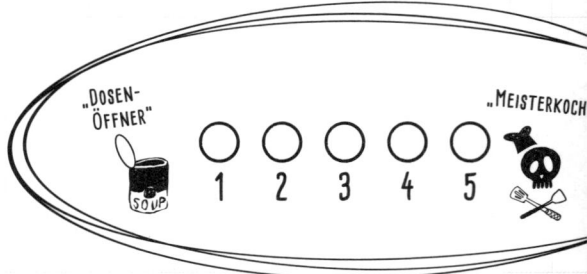

„NIE WIEDER"                    „VOLL LECKER"

„DOSEN-
ÖFFNER"                „MEISTERKOCH"

1   2   3   4   5

SOUP

LV·Buch im Landwirtschaftsverlag GmbH,
48084 Münster

1. Auflage 2016

Idee, Konzeption & Textredaktion:
Thomas Richter, Claudia Rudel

Illustrationen: Stefan Emmrich,
Kristin Bertels,
scyther5, hchjjl, lhfgraphics,
cat_arch_angel, jamtoons, iStock

Gestaltung: Stefan Emmrich,
KreaTec im Landwirtschaftsverlag

Druck: Griebsch & Rochol Druck GmbH,
59069 Hamm

ISBN 978-3-7843-5448-4

Rezepte:

Tortellini-Porree-Pfanne mit Currysahne
Rezept: Annette Robers-Thesing | Foto: Winfried Heinze

Pannfisch
Rezept: Franziska Winter | Foto: Benjamin Janzen

Paella
Rezept: Annette Robers-Thesing | Foto: Rogge & Jankovic Fotografen

Gemüsepfanne mit Schollenfilets
Rezept: Susann Kreihe | Foto: Rogge & Jankovic Fotografen

Chili con Carne, Spanische Linsenpfanne, Marokkanische Pfanne,
Gebratenes Frühlingsgemüse, Süßer Kaiserschmarrn,
Karamellisierte Arme Ritter
Rezepte: Janny Hebel | Fotos: Eileen Gruschka, Merle Cramer

Hähnchencurry mit Pfirsichen
Rezept: Anna Rave | Foto: Manuela Rüther

Rosenkohlpfanne mit Cashewkernen
Rezept: Annette Robers-Thesing | Foto: Manuela Rüther

Feuriges Chili mit Schokolade & Kaffee,
Hackfleischpfanne mit Austernpilzen
Rezepte: Mario Dieringer | Fotos: Merle Cramer

Hähnchen-Champignon-Geschnetzeltes
Rezept: Susann Kreihe | Foto: Katarzyna Tasiemska

Gebratener Reis mit Hähnchenbrust
Rezept: Annette Robers-Thesing und Monika Römer | Foto: Peter Rees

Spargel-Reis-Pfanne
Rezept: Janny Hebel | Foto: Eileen Gruschka

Wiesen-Bärenklau-Pfanne mit Nüssen
Rezept: Manuela Rüther | Foto: Manuela Rüther

Gnocchi-Lauch-Pfanne
Rezept: Annette Robers-Thesing | Foto: Peter Rees

Asiatische Rindfleischpfanne mit Zuckerschoten
Rezept: Annette Robers-Thesing | Foto: Rogge & Jankovic Fotografen